LES

ERRATA HISTORIQUES MILITAIRES

PARIS. — TYPOGRAPHIE A. HENNUYER, RUE DU BOULEVARD, 7.

LES
ERRATA HISTORIQUES MILITAIRES

PAR TH. JUNG
CAPITAINE D'ÉTAT-MAJOR

« Notre vraie histoire de France est
« encore enfouie dans la poussière de
« nos chroniques contemporaines »

AUGUSTIN THIERRY,
Lettre I sur l'histoire de France

IV

DÉSASTRE DE TUTTLINGEN

1643

EXTRAIT DE LA REVUE MILITAIRE FRANÇAISE

PARIS

BUREAUX DE LA REVUE MILITAIRE FRANÇAISE
11, RUE SAINT-DOMINIQUE, 11
—
1870

LES

ERRATA HISTORIQUES MILITAIRES

CAMPAGNE D'ALLEMAGNE DE 1643.

Désastre de Tutlingen. — Mort du maréchal de Guébriant. Arrivée de Turenne.

Si jamais campagne a été malmenée par les historiens, c'est sans contredit celle d'Allemagne en l'an de grâce 1643. Il semble qu'on ait pris à tâche de la passer sous silence en tout ou en partie.

Des sollicitations continuelles du maréchal de Guébriant, des doléances du secrétaire d'État de la guerre, Sublet de Noyers, des plaintes de Le Tellier, de l'envoi des secours, de la répression sévère à l'égard des régiments qui se débandent, de la première attaque de Rottweil, de la désobéissance du duc d'Enghien, de l'arrivée tardive de Rantzau, etc., personne ne dit mot.

Heiss, dans son *Histoire de l'empire d'Allemagne*, donne pour date de la mort de Guébriant le 26 novembre; Riencourt, dans son *Histoire de la monarchie française*, prétend que c'est le 20. Les autres chronologistes varient du 13 au 25.

Dupleix, l'auteur des *Fastes de la maison de Bourbon*, les

gazetiers et la plupart des écrivains du temps ne parlent pas de la déroute de Tutlingen. Riencourt la déguise. Lavallée est d'une sobriété prudente. Henri Martin ne s'occupe ni de la première partie de la campagne ni du siége de Rottweil, etc. Et c'est ainsi qu'il en sera de toutes les histoires de France que nous ferons apprendre à nos enfants, jusqu'au jour où, suivant en cela les sages conseils d'Augustin Thierry, les chefs appelés à diriger l'instruction publique se décideront à faire procéder à un dépouillement régulier des archives, à encourager les travaux historiques, travaux de plus en plus ingrats, enfin à n'admettre comme digne d'être livré à la jeunesse que ce qui est le résultat d'un labeur consciencieux et sévèrement contrôlé.

I

Composition de l'armée d'Allemagne.

Dans les premiers mois de l'année 1643, le personnel de l'armée française du Rhin se décomposait de la manière suivante : le maréchal de Guébriant, commandant en chef, avec le seigneur d'Oysonville pour intendant ; de Roqueservières, de Tracy pour chefs d'état major ; de Cloucq, chef de l'artillerie, de Tauron, de Marmoustiers, le marquis de Vitry, de Wurtemberg, Simbeck, Roze pour diriger les troupes.

D'Erlach commandait à Brisach, de Bazyly à Haguenau, de Pesselièvres à Saverne, de Montausier à Colmar.

L'armée suédoise, notre alliée, obéissait en Bohème au fameux général Torstenson.

L'armée ennemie était sous les ordres de M. de Merci,

général en chef, et des généraux Jean de Werth, duc de
Lorraine et d'Asfeld ; Gallas demeurait seul chargé de s'op-
poser à la marche de Torstenson.|

Quant aux troupes, elles se divisaient en troupes de garnison et troupes de guerre. Les premières restaient station-
naires et se trouvaient réparties dans les régiments portant
le nom des commandants de place. Les secondes appar-
tenaient également aux chefs que nous avons nommés, et
c'est ainsi que le maréchal de Guébriant possédait à lui seul
2 régiments, l'un de cavalerie, l'autre d'infanterie, sous les
ordres des lieutenant-colonels de Mollin et de Calgret.

Tout cet ensemble devait représenter un effectif normal
de 10 000 hommes, effectif qui ne s'élevait même pas à la
moitié du chiffre annoncé et qui pourtant coûtait fort cher.

II

Préparatifs de la campagne.

Dès les premiers jours de l'année 1643 (1), le maréchal de
Guébriant était en pourparlers continuels avec le secrétaire
d'État de la guerre, Sublet de Noyers, pour obtenir des secours en argent et en hommes. Il faut croire que le désordre
était grand à l'armée du Rhin, car de Noyers, quelque faible
qu'il fût pour ses protégés et pour Guébriant en particulier,
lui écrivait à la date du 20 mars (2) : « Nous avons tant d'ar-
« mées à pourvoir, tant de dépenses à supporter, que vous

(1) Voir, pour l'État de la France, de l'Europe et des armées en 1643
les Errata du 1er janvier 1870.
(2) Les cinq cents de Colbert, Arch. imp., v. 108.

« ne devez pas donner de mauvaises interprétations à ce
« que je vous demande par le commandement exprès du roi,
« pour vous prier de nous ménager autant que vous le pour-
« rez. Croyez que la comparaison que je fais de ce que coûte
« celle de Suède à cette couronne avec ce que le roi dé-
« pense pour la subsistance de la sienne, en quelque sens
« que vous le preniez, n'a aucune relation à votre personne
« de laquelle Sa Majesté est plus satisfaite que la plume ne le
« peut dire ; mais vous devez au moins souffrir qu'en en-
« voyant en votre armée (de la faiblesse de laquelle vous
« vous plaignez) près de 2 millions d'argent comptant tout
« à la fois, nous nous représentions votre nécessité et nous
« nous plaignions des peines que nous avons à satisfaire à
« tout ; mais comme vous avez assez de preuves de la sin-
« cérité de mon affection pour n'en douter jamais, et que je
« me tiens très-assuré de la vôtre, je quitte ce discours pour
« venir à l'essentiel et vous dire qu'assurément l'on vous
« renforcera avec soin et diligence..... »

Le 9 avril, il ajoutait (1) :

« MONSIEUR,

« Je me trouve aussi empêché à répondre à votre der-
« nière que je crois que vous l'êtes de maintenir l'armée. La
« difficulté de satisfaire à vos demandes m'arrête et la né-
« cessité de le faire me presse. Jugez quelle gêne nous souf-
« frons tous deux. Mais à vous dire le vrai, rien ne m'em-
« pêche tant que la peine en laquelle je vois le roi pour
« accorder l'article des vôtres, qui nous demande du pain

(1) Les cinq cents de Colbert, Arch. imp , v 108.

« pour cinq mois, car cela semble supposer que vous devez
« rester tout ce temps-là aux quartiers où vous êtes. Que
« deviendra donc la campagne ? A quoi faire le renfort que
« j'envoie et la grande dépense que je fais pour ce sujet, dit
« le roi, si l'armée est si faible qu'elle n'ose se montrer même
« avec les troupes que j'y envoie ? Pourquoi tout l'argent
« que j'y ai envoyé depuis trois mois ? Je crois en vérité
« qu'il est sorti près de 700 000 écus pour ce sujet. Ne se-
« rait-ce pas assez pour relever une armée, quand il n'y en
« aurait pas du tout ? 10 000 hommes, à 10 écus pour homme,
« ne doivent coûter que 100 000 écus ; 6 000 chevaux, à
« 50 écus pour cavalier, ne montent qu'à 300 000 écus. Ce-
« pendant l'on nous parle de cette armée comme s'il n'y
« avait personne, et elle coûte au roi en trois mois près de
« deux fois autant. Cela ne se peut voir sans quelque morti-
« fication que l'on souffrirait de bon cœur, si avec cela nous
« vous voyions content ; mais certainement il y a de l'amer-
« tume, même après le carême, de voir nos efforts si mal re-
« çus et si peu d'utilité dans nos dépenses. Relevez-nous, je
« vous prie, de notre chagrin et nous mandez l'explication
« de cette clause de votre lettre qui nous demande pour cinq
« mois de blé aux environs de Brisach. »

Cette lettre est tout un spécimen complet du caractère de
Sublet de Noyers. Ce passage de *même après le carême* est
tout un poëme, un indice du temps. Voyons-nous d'ici le ministre de la guerre actuel écrivant à l'un de nos généraux
de l'Algérie qu'il s'étonne de ses demandes, surtout après le
carême. Religion sotte, reproches, couardise, indécision, tout

se retrouve à la fois dans ces dépêches, et l'on ne sait, en pareille circonstance, ce que l'on doit plus plaindre, le ministre ou l'État condamné à se servir de pareils agents.

Telle était la situation précaire dans laquelle le nouveau secrétaire d'État, Michel Le Tellier, allait trouver cette armée dite *d'Allemagne,* lorsque le 6 mai il fit part au maréchal de Guébriant de sa récente nomination par la dépêche suivante (1) :

« MONSIEUR,

« Je prends l'occasion du retour de M. Betz vers vous et
« ces MM. les colonels de l'armée du roi en Allemagne pour
« vous faire les offres de mon très-humble service... Je sais
« combien M. de Noyers était soigneux des choses qui vous
« touchaient, mais je tâcherai de suppléer à son défaut avec
« toute la passion possible de vous témoigner que je vous ho-
« nore parfaitement et suis plus que personne du monde... »

Mais la correspondance du ministre ne devait pas garder longtemps ce caractère obséquieux. Avant tout, Le Tellier tenait à connaître la vraie situation des armées dont il allait avoir à prendre la direction. Dès le 13 mai, il réclamait de l'intendant d'Oysonville des explications catégoriques (2).

« Voyant, écrit-il de sa main, que M. de Guébriant demande
« de nouveaux fonds et qu'il ne fait pas mention des
« 100 000 livres envoyées, je vous prie de me faire savoir
« le plus tôt que vous pourrez l'emploi qui en a été fait..., et
« d'autant qu'il importe que je sois bien informé des provi-
« sions de vivres et de l'artillerie et des munitions de guerre

____

(1) Les cinq cents de Colbert, Arch. imp., v. 108.
(2) Dép. g., 13 mai 1643, v. 74, p. 209.

« qui sont dans les places d'Alsace, du Brisgau et du Zunt-
« gau. Je désire que vous m'envoyiez au plus tôt un état bien
« exact signé de vous. »

Et le soir même il ajoutait (1) :

« ..... Je vous écris cette lettre pour vous prier d'avoir à
« dresser un état de toutes les contributions que vous avez
« fait lever en l'année dernière et en la présente, et de l'em-
« ploi d'icelles, sans y omettre aucunes choses ; un autre état
« ou mémoire de ce qui est dû et par quels lieux, y spéci-
« fiant les termes dans lesquels ils les doivent, par quelles
« personnes vous les fassiez recevoir, comme vous vous pro-
« posez de les faire distribuer, et qui contienne en un mot
« tout ce qui concerne la manière de la levée et de l'admi-
« nistration desdites contributions. Et afin d'être informé en
« même temps de la recette et de la dépense qui a été faite,
« tant pour l'année dernière que pour la présente, de tous
« les deniers qui vous ont été envoyés, je désire que vous
« m'envoyiez un état au vrai, signant de votre main les divers
« états. »

Le surlendemain, Le Tellier se plaignait de l'état de choses
directement à Guébriant, « et je m'assure, lui disait-il (2),
« que quand nous considérerons qu'outre les deux montres
« et demie de ladite armée envoyées depuis cet hiver et les
« deux parties des 150 000 livres pour des blés, pareille
« somme pour de nouvelles levées, il a été envoyé 2 000 li-
« vres pour un pont de bateaux, 20 000 livres pour acheter
« 200 chevaux d'artillerie et 30 000 livres pour des munitions

____

(1) Dép, g , 13 mai, v. 74, p. 223.
(2) Dép, g., 25 mai, v. 77. p. 25.

« de guerre, et il faut présentement envoyer les fonds d'une
« autre montre, après laquelle il faudra songer à une autre
« montre et aux recrues. Vous trouverez que le tout va à de
« très-grandes sommes et qu'il est bien raisonnable de s'en
« éclaircir. D'ailleurs, terminait-il, je vous enverrai au pre-
« mier jour un commissaire sur les lieux. En attendant, je
« fais partir 5 régiments d'infanterie (de Bazyly, Ronce-
« rolles, du Tot, de Courcelles, de Lesdiguières) et 2 régi-
« ments de cavalerie (de Streff et de Bussy-Elmorn). »

Malheureusement ce n'était pas seulement contre l'inertie
du commandement que la bonne volonté de l'honnête secrétaire d'État allait avoir à lutter : les troupes elles-mêmes
n'obéissaient pas aux ordres du roi, et le 7 juin Le Tellier
s'écriait en s'adressant à Guébriant (1) : « Les officiers et sol-
« dats des régiments envoyés ont eu si peu d'affection à leur
« devoir et ont témoigné tant d'aversion au voyage, qu'aus-
« sitôt qu'ils se seront approchés de la Lorraine, ils se seront
« dissipés. Je ne puis que vous exprimer mes regrets de ne
« pouvoir envoyer rien de plus, mais à tout prix commencez
« quelque chose. » Le ministre n'avait que trop bien prévu
la réalité, car le 17 juin il se voyait dans l'obligation d'an-
noncer au maréchal la dispersion des régiments de Courcelles et de Lesdiguières. « Je ferai faire un exemple, ajou-
« tait-il (2), mais je ne pourrai vous envoyer des renforts que
« plus tard. » Le Tellier terminait sa dépêche en prévenant
Guébriant du siége de Thionville et de la nécessité pour l'ar-

(1) Dép. g., v. 77, p. 34.
(2) Dép. g., v. 74.

mée d'Allemagne d'exécuter un mouvement quelconque, afin d'empêcher les ennemis de songer à une diversion.

C'était le 17 juin que Le Tellier promettait une punition exemplaire ; dès le lendemain paraissait un arrêt du conseil d'État ainsi conçu (1) : « Arrêt du conseil d'État, Sa Majesté « y étant, la reine régente, contre le lieutenant-colonel, ca- « pitaines et officiers du régiment d'infanterie de Courcelles, « qui ont abandonné et déserté ledit régiment, ayant eu « commandement d'aller à Nancy pour y faire ce qui leur « serait commandé pour le service de Sa Majesté. »

Par ledit arrêt (2), le régiment était cassé ; il fut défendu au sieur de Courcelles de prendre le titre de mestre de camp. Les officiers furent déclarés incapables de posséder des charges ; les officiers gentilshommes restèrent dégradés de leur noblesse. On fit une exception en faveur des capitaines de Grand-Maison, Perrussy, Fresnay, Saint-Ange, baron de Bra, Douay, chevalier de Bray, Sagnon, Cogné, et des lieu- tenants Becquet et La Clausure. Quant au lieutenant-colonel, le sieur d'Usay, il fut arrêté (3), conduit au fort l'Évêque par les soins du chevalier du guet, condamné à restituer 24 000 livres qu'il avait touchées pour les montres, et ses biens confisqués.

Comme compensation, le sieur de Grand-Maison obte- nait du secrétaire d'État un témoignage de satisfaction pour la conduite qu'il avait tenue pendant la désertion de son régiment, et l'autorisation d'aller servir à l'armée du duc

(1) Dép. g., 18 juin 1643, v. 88, p. 253. (Imprimé à Paris, chez S. Cra- moisy.)

(2) Dép. g., v. 74, p. 354, 483.

(3) L'ordre d'arrestation est du 16 juin 1643. Dép. g., v. 75, p. 110.

d'Enghien avec le lieutenant Becquet et les 40 hommes qu'il commandait (1). Le 5 juillet enfin (2), Guébriant recevait du ministre l'ordre de faire publier parmi ses troupes l'arrêt rendu contre le régiment de Courcelles.

Le Tellier envoyait le 2 juin (3) sur les bords du Rhin le sieur Druet, maréchal des logis, avec le titre de commissaire et la mission de reconnaître la force et l'état de l'armée et des places de l'Alsace, du gouvernement de Brisach, leurs approvisionnements en vivres, en munitions, etc... Il se mettait également en relations directes avec des officiers de l'armée, et le 30 juin (4) il remerciait le seigneur de Roqueservières, sergent de bataille, pour les renseignements tout particuliers qu'il avait envoyés sur les troupes d'Allemagne.

III

Opérations de la campagne d'Allemagne.

Tant de soins, d'activité et de fermeté de la part du jeune ministre ne devaient pas rester inutiles. En présence des ordres réitérés qu'on lui adressait, Guébriant s'était décidé à accentuer son mouvement. Vers la fin de juin, le maréchal, au lieu de traverser la forêt Noire, aux débouchés de laquelle l'attendait l'armée ennemie, tournait à droite vers Bâle, remontait la rive droite du Rhin, s'arrêtait à Waldshut et de là se dirigeait sur Engen (petite ville à 12 lieues nord-est de Waldshut, entre Rhin et Danube), qu'il atteignit le 1er juillet.

(1) Dép. g., 25 juin, v. 75, p. 571.
(2) Dép. g., v. 74, p. 672.
(3) Dép. g., v. 74, p. 565, 567, 582, 593.
(4) Dép g , v 74, p. 614.

Par suite de ce mouvement tournant imprévu, l'armée ennemie, commandée par Merci et Jean de Werth, qui se trouvait sur le haut Necker, à Bahlingen (2 lieues sud-ouest de
Hohenzollern), était venue passer le Danube à Sigmaringen (1) et s'était placée dans une situation avantageuse entre
Hausen et Pfullendorf (2), de manière à empêcher les Français de pénétrer en Bavière.

Guébriant resta quelques jours dans sa position d'Engen
et Hohenweil (château); puis, voyant la tendance de l'ennemi
à se prolonger sur la droite du côté du lac de Constance,
il repassa brusquement le Danube pour s'emparer des défilés
de la forêt Noire, se jeta sur Rottweil, et le 1er août il écrivait de son camp de Wolfach au duc d'Enghien, alors occupé
au siége de Thionville :

« MONSEIGNEUR,

« J'ai été jusqu'à Salmansweiler (3), où j'ai rencontré l'ar-
« rière-garde des ennemis, qui avaient déjà pris les devants.
« Je la fis charger par 5 escadrons de cavalerie, qui étaient
« tout ce que j'avais d'arrivé ; mais comme elle était dans les
« montagnes et favorisée de son infanterie, je ne pus avoir
« aucun avantage sur elle. Ils se portèrent au passage de
« Marckdorff (petite ville à 1 lieue à l'est de Salmansweiler)
« et m'empêchèrent de suivre mon dessein, qui était de me
« porter sur l'Iller. Cela m'obligea de me tourner vers le

(1) Sigmaringen, petite ville et château de la principauté de Hohenzollern, sur la rive droite du Danube, à 9 lieues sud-est de Bablingen.

(2) Pfullendorf, ville impériale sur l'Andelspach, à 2 lieues sud-est de
Sigmaringen et à 7 lieues vers l'est d'Engen.

(3) Abbaye de bernardins à 1 lieue et demie nord-est d'Uberlingen.

« Necker et d'essayer de me rendre maître de Rottweil (ville
« libre et impériale située sur le Necker et près de sa source) ;
« mais les ennemis y étant arrivés vingt heures après moi, je
« descendis la rivière dans l'intention de me porter vers
« Horb et Rottenburg. N'ayant pas trouvé les blés du pays
« plus avancés qu'ailleurs et les villes n'étant pas en état de
« m'en fournir, je me suis vu dans le plus grand embarras
« pour faire subsister l'armée; et comme les nouvelles troupes
« qui en font partie ne sont pas habituées à de telles incom-
« modités, j'ai jugé à propos de me rendre dans la vallée de la
« Kintzig, où il y a moyen de se pourvoir pour quelque temps.
« Cependant, monseigneur, Votre Altesse peut être assurée
« que toute l'armée de Bavière, y compris les troupes du duc
« Charles et 4 régiments impériaux, sont encore ensemble et
« qu'il n'y a pas d'apparence que cette armée doive se sé-
« parer. J'espère bien que je lui donnerai assez d'occupation
« pour que Votre Altesse ait le temps de finir son siége ; mais
« comme les ennemis sont plus forts que moi, qu'ils sont dans
« leur pays et qu'ils ont les places pour eux, il ne me sera pas
« possible, à moins que je ne reçoive des secours, que je
« puisse me porter aussi en avant qu'il serait nécessaire pour
« faire prendre des quartiers d'hiver à l'armée. Comme je
« n'ai cessé d'en prévenir la cour, j'espère qu'elle y pour-
« voira. »

Le même jour, Guébriant écrivait au cardinal Mazarin à
propros de son entreprise sur Rottweil :

« Je fis faire contre l'enceinte de Rottweil une batterie
« de 5 pièces de canon, et le lendemain, sur les neuf

« heures, elle commença à tirer. Le même jour, à quatre
« heures après midi, l'ennemi arriva avec toutes ses forces
« et se campa sur une haute montagne, à une demi-lieue de
« moi, d'où, par trois coups de canon, il donnait avis de son
« arrivée à la garnison et aux habitants. Ne pouvant m'arrêter
« là plus longtemps faute de vivres et les ennemis occupant
« un poste où je ne pouvais les attaquer, je fis donner un
« assaut par 400 hommes, autant pour obliger les Bavarois
« de venir à moi que pour voir si les habitants ne prendraient
« pas quelque épouvante qui les déterminât à se rendre. Mais
« le canon n'ayant pas encore ruiné les défenses, et la brèche
« ne se trouvant pas assez praticable, cette tentation ne
« réussit pas.

« Un capitaine français et 12 ou 15 soldats y furent
« tués, et M. de Wurtemberg, qui y commandait, fut blessé
« d'une mousquetade à la cuisse. Le lendemain, je me mis
« en marche du côté du Necker, avec le dessein de descendre
« cette rivière jusqu'à Horb, où je comptais m'établir. Mais
« l'ennemi, qui me vit prendre cette route, s'avança vers le
« même lieu avec une telle diligence, qu'il y arriva une demi-
« heure avant moi. De sorte que, faute de subsistance, je fus
« contraint de me rendre dans la vallée de la Kintzig. Cepen-
« dant le siége de Thionville s'achèvera ; et pour donner
« moyen au secours que Votre Eminence promet de me faire
« envoyer de l'armée du duc d'Enghien, je pourrai me porter
« vers le Rhin pour l'attendre, et dès qu'il m'aura joint, je
« chercherai les moyens de faire hiverner l'armée entière en
« Allemagne. »

Mais à la cour, on ne trouvait pas la situation de Guébriant

aussi précaire que celui-ci le prétendait. Le siége de Thionville marchait bien, le duc Charles et le chevalier d'Asfeld
avaient quitté l'armée impériale pour aller se joindre à don
Francisco de Mello ; donc le général bavarois et Jean de Werth
se trouvaient plus qu'affaiblis, et par suite Guébriant, n'ayant
plus devant lui des forces considérables, devait être en état
de se maintenir en Souabe. Aussi le 2 septembre (1) on lui
écrivait dans ce sens, en lui exprimant le regret de ne pouvoir fixer l'époque de l'envoi du secours de 2 000 hommes ;
mais le lendemain 3 arrivait une nouvelle mise en demeure
de Guébriant. Le Tellier lui répond le 5 (2) :

« Monsieur,

« Depuis que mon paquet a été fermé, j'ai reçu une dé-
« pêche de M. de Roqueservières, par laquelle il m'a donné
« avis du besoin que vous avez d'être fortifié d'infanterie pour
« prendre des quartiers dans lesquels votre armée puisse
« subsister, sinon que vous seriez obligé de repasser le Rhin,
« qui est une chose très-importante pour la réputation des
« armées du roi et encore pour la manutention de l'armée
« que vous commandez, que tous les Français quitteraient
« assurément, ce qui donnerait beaucoup de peine à la
« reine, qui m'a commandé d'écrire à M. le duc de vous en-
« voyer 3 000 hommes d'effectif quand il fera rafraîchir sa
« troupe, pourvu qu'il puisse encore demeurer assez fort
« pour s'opposer aux ennemis, qui font dessein d'entreprendre

(1) Dép. g., v. 75, p. 284.
(2) Dép. g., Paris, 5 septembre 1643, v. 75, p. 296. Cette minute est curieuse parce qu'elle est de la main même de Le Tellier et qu'elle n'a pas
ue seule rature.

« quelque chose vers le 15 du courant. Nous croyons pour-
« tant que le duc Charles ayant quitté la Bavière et Asfeld
« l'ayant encore affaiblie en retirant 4 régiments d'infan-
« terie pour aller aussi en Flandre , vous trouverez plus
« de facilité dans votre marche que vous n'avez espéré, et
« qu'ainsi vos appréhensions seront vaines. Je le souhaite de
« tout mon cœur, tant pour le bien du service du roi que
« pour votre gloire particulière, que je désire avec autant de
« passion que je suis... »

Et le 8, il ajoute (1) :

« J'ai reçu par les mains de M. de Tracy votre dépêche et
« le mémoire qu'elle accompagnait, qui a été examiné en
« conseil en présence de la reine. L'affaire a été jugée très-
« importante, aussi y a-t-on pris des résolutions conve-
« nables.....

« .....Si je pouvais par mes soins ajouter quelque chose
« à la confiance de la reine, je le ferais volontiers. M. de Til-
« ladet (2), qui vous honore comme il doit, sera toujours ma
« caution bien volontiers, et vous assurera que je suis sincère-
« ment..... »

C'est le duc d'Enghien cette fois qui doit prendre le commandement de l'armée d'Allemagne (3). Le lendemain 9 (4),
la nouvelle est confirmée à Guébriant, qu'on engage à tenir

(1) Les cinq cents de Colbert. Bibl. imp., mss., 8 septembre 1645.
(2) M. de Tilladet était le beau-frère de Le Tellier.
(3) Dép g., 8 septembre, v. 75, p 517.
(4) Dép g., 9 septembre 1643, v. 77, p. 71.

ferme sur les bords du Rhin dans le poste où il est et de faire
en sorte que les troupes de l'armée tirent leur subsistance
plutôt du pays ennemi que de l'Alsace. Le même jour, l'intendant de Choisy reçoit l'ordre de réunir des vivres à
Nancy et à Metz; de son côté, d'Oysonville doit faire venir
vingt-quatre à vingt-cinq mille rations de pain à Saverne du
20 au 25 septembre (1). Une circulaire est adressée en même
temps aux principaux officiers de l'armée d'Allemagne et de
l'Alsace, les sieurs d'Erlach, d'Oysonville, Bazyly, de Pesselièvres, de Montausier, pour les prévenir d'avoir à obéir au
duc d'Enghien, le futur commandant en chef (2).

Le 12, Le Tellier, qui est partout à la fois, donne des instructions encore plus précises à M. de Tracy et au maréchal
de Guébriant.

« MONSIEUR DE GUÉBRIANT (3),

« J'ai lu au conseil, en présence de la reine, votre dé-
« pêche. J'ai fait valoir auprès de la reine les peines que vous
« avez prises pour faire subsister l'armée; Sa Majesté en a
« témoigné beaucoup de satisfaction et vous en donnera des
« marques aux occasions qui se présenteront pour l'avantage
« de votre fortune.

« Je n'ai pas attendu à vous envoyer le fonds de la montre
« jusqu'au retour de M. Druet. Les ordres en ont été donnés
« auparavant qu'il partit, et s'il a tardé plus qu'il n'eût été

(1) Dép. g., v. 72, p. 72.
(2) Dép. g., v. 77, p. 75.
(3) Dép. g., 12 septembre 1643, v. 75, p. 283, 284. Autographes de Le
Tellier.

« expédient pour le soulagement de ses troupes, il faut l'im-
« puter à ce que le recouvrement de l'argent est rendu plus
« difficile par la mort du roi et non pas qu'on manque de
« soin pour les affaires d'Allemagne, que la reine consi-
« dère plus que celles des autres armées qu'a le roi sur
« pied. »

« Si les avis que nous avons de deçà du passage du duc
« Charles et d'Asfeld, dont j'envoie les détails à M. le maré-
« chal de Guébriant sont véritables, je trouverai moins
« d'obstacles que je n'avais espéré à prendre des quartiers
« avantageux pour la subsistance de nos armées, que la reine
« a résolu de 2 000 hommes de pied à la fin de la campagne.
« Cependant, prenez, s'il vous plaît, la peine de me faire sa-
« voir quelle route on doit leur faire tenir et quelles précau-
« tions vous estimez nécessaires pour faire que ce renfort
« vous arrive effectivement. Vous obligerez votre affectionné
« serviteur. »

« Vous avez si bien favorisé l'attaque de Thionville, qu'il a
« réussi heureusement en peu de temps. Vous avez su au
« moment que la place a été contrainte de céder aux armes
« du roi et à la valeur de Mᵍʳ le duc d'Enghien, qui a
« rendu des preuves de sa prudente et bonne conduite en
« cette occasion-là, comme il avait fait en la bataille de
Rocroy.

« Si les avis qu'on nous donne de toutes parts sont véri-
« tables, vous devez trouver facilement à prendre des quar-
« tiers avantageux pour votre armée, car on nous mande que
« le duc Charles a passé le Rhin avec sa troupe en intention
« de se joindre à don Francisco de Mello pour l'aider à empê-

« cher les progrès que notre armée peut faire pendant cette
« campagne ou au moins à les diminuer, et ainsi qu'il ne re-
« joindrait plus à..., ce qui en diminuera les effectifs. On nous
« assure qu'Asfefd, persuadé par l'argent des Espagnols, doit
« aussi venir trouver Mello avec ses troupes et retirer 4 ré-
« giments d'infanterie qui faisaient partie de celui du duc
« de Bavière. Et ainsi, attendant le renfort d'hommes que
« vous désirez, vous pourrez apparemment faire plus de pro-
« grès que vous n'avez espéré. Nous saurons vous dire préci-
« sément dans quel temps on pourra faire marcher en Alle-
« magne les 2 000 hommes d'infanterie, dont nous ne pouvons
« pas savoir le terme assurément. Cependant vous pourrez
« me donner avis s'il y aura quelque chose à changer à la
« route que vous m'avez marquée par votre dépêche du 1er du
« courant et me faire part des expédients que vous estimez
« être les meilleurs, ce que je vous prie de me faire savoir
« au plus tôt. »

« Ceux qui vous ont écrit pour les intérêts de votre armée
« se sont mépris quand ils vous ont rapporté qu'on leur avait
« promis 3 montres et demie cette année comme les 2 qui
« leur furent payées, car M. le cardinal Mazarin et M. de
« Chavigny, qui ont traité cette affaire conjointement avec
« M. de Noyers, ont assuré la reine qu'il n'a été promis que
« 2 montres par chacun an ; comme les 2 et demie qu'on
« est convenu de leur faire pour le courant, jusqu'à ce qu'ils
« soient payés entièrement des arrérages qui leur sont dus,
« qui est le dernier, à ce que je vous ai déjà mandé, qu'on
« leur a promis, 4 montres et demie pendant la présente
« année, y compris celles qu'ils ont reçues pendant l'hiver.

« Vous avez reçu la troisième à Bâle, ainsi que j'ai appris ;
« il s'y est manqué 35 000 écus, que M. de Tracy a emprun-
« tés pour les troupes d'augmentations, dès que j'ai fait le
« fonds, comme aussi...

« On vous fera partir au premier jour les 3 ou 4 quartiers
« de l'entretenement des garnisons de Brisach et de l'Alsace
« avec un fonds de 100 000 livres pour acheter des blés, pour
« munir les places ; de 60 000 livres pour des fortifications,
« suivant les dépêches que j'ai reçues de M. d'Oysonville. Si
« l'argent tarde, il faut l'imputer... à ce qui nous est arrivé
« par la mort du roi, ce qui a retardé les affaires de MM. des
« finances, en sorte que le recouvrement de l'argent est
« trouvé fort difficile, mais, grâce à Dieu, pas tant que nous
« l'avions appréhendé raisonnablement. Quant à M. de Tracy,
« la reine ne désire pas qu'il quitte l'armée, le jugeant néces-
« saire auprès de vous pour avoir soin de vos subsistances
« et vous décharger de ce soin-là. »

C'était effectivement à Wolfach que Guébriant avait connu
la prise de Thionville et l'arrivée des secours ; malheureusement, comme nous l'avons vu dans l'historique de la campagne de Picardie, quelque rapidité que Le Tellier ait mise à
donner les ordres, à préparer les vivres, la désobéissance
incroyable du duc d'Enghien avait tout arrêté. De sa propre
autorité, le jeune duc, au moment où la cour le croyait en
route pour le Rhin, où Le Tellier l'affirmait à Guébriant, le
jeune duc, disons-nous, était parti non pour l'Alsace, mais
pour Paris, où il arriva le 15 au soir, refusant de prendre part
à ce mouvement. En présence de cette difficulté inattendue

et insurmontable, la cour dut prendre d'autres mesures. C'est alors qu'elle songea à la combinaison du duc d'Angoulême et de Rautzau, ainsi qu'à une fausse campagne de la Sarre pour tromper les troupes. Le duc d'Angoulême et Rautzau reçurent les ordres en conséquence, et le 27 septembre Le Tellier pouvait écrire de **sa main** au maréchal de Guébriant (1) :

« Ce serait faire tort à M. de Tracy que de vous informer
« particulièrement des résolutions qu'on a prises pour vous
« donner moyen de repasser le Rhin et loger votre armée en
« des quartiers capables de la faire subsister pendant l'hiver
« prochain. Je vous puis dire avec vérité qu'on a fait tout ce
« qu'on a jugé possible pour ce dessein-là, que la reine a
« jugé très-important au bien de son service, à la réputation
« des armées et manutention de ses alliés. Je conviens avec
« vous qu'il est difficile de vous fortifier de troupes et que les
« officiers ont bien plus d'aversion que les soldats pour l'Al-
« lemagne. M. de Favrau doit conduire les troupes qu'on
« vous a destinées, pendant que Mgr d'Angoulême don-
« nera jalousie aux ennemis avec son armée, pendant que
« vous marcherez dans les quartiers que vous jugerez les
« plus commodes. J'ai expédié des ordres bien sévères aux
« gouverneurs des places de Lorraine et du pays messin (2)
« pour arrêter les soldats qui se débanderaient, et les faire
« châtier si sévèrement, que les premiers qui se présente-

(1) Dép. g., 27 septembre 1645, v. 75, p. 462 n.

(2) Le 26 septembre une circulaire était adressée à tous les gouverneurs de l'Est pour faire arrêter les soldats de l'armée d'Allemagne qui passeraient sans congé. Dép g., v. 75, p. 443.

« ront puissent servir d'exemple à ceux qui auraient fait des
« sein de les suivre. Je voudrais bien pouvoir contribuer
« en quelque chose à ce que vous proposez être avan-
« tageux. »

De son côté, M. de Tracy retournait près de Guébriant
avec le titre de commissaire général de l'armée d'Allemagne.
Mais il était dit que tout devait se tourner contre cette armée.
Au moment où l'on croyait une seconde fois les troupes en
route pour le Rhin, on apprit la maladie du duc d'Angoulême et l'impossibilité où il se trouvait de prendre le commandement. Avec les désertions continuelles et le mauvais
vouloir des officiers qui composaient l'armée de la Sarre, on
ne pouvait pas confier la direction générale d'un semblable
mouvement à Rantzau, un étranger. On dut donc venir sup-
plier à nouveau le duc d'Enghien de retourner à l'armée de
la Sarre, en lui représentant son arrivée sur le Rhin comme
la seule mesure capable de remettre les affaires d'Allemagne
en bon état.

D'Enghien se rendit aux raisons qu'on lui donna. Il quitta
Paris dans les premiers jours d'octobre et vint rejoindre le
comte de Rantzau, toujours en Lorraine à la tête des troupes
destinées à cette prétendue campagne du Luxembourg et de
Trèves. Arrivé au camp, le prince, au lieu de prendre à gauche, fit faire tête de colonne à droite. Le mécontentement fut
grand, mais la chose était accomplie, et le 24 le duc d'Enghien parvenait tant bien que mal sur le Rhin, faisait passer
le fleuve aux hommes du comte de Rantzau et repartait le
même jour à Paris.

Le 10 novembre, Le Tellier pouvait donc écrire à Guébriant

qu'il était heureux d'apprendre l'arrivée du secours, son nouveau passage du Rhin, et lui envoyait un long mémoire « auquel je n'ajouterai rien que pour vous dire que l'inten- « tion de la reine est que vous en fassiez exécuter le con- « tenu (1). » Le même jour, il adressait des instructions dé- taillées au comte de Rantzau (2).

Effectivement, le maréchal, qui avait dû quitter Wolfach et passer sur la rive gauche du Rhin, avait pu reprendre l'of- fensive. Le 25 octobre il était dans le Zuntgau, remontait de nouveau la vallée de la Kintzig et le 7 débouchait dans la Souabe aux environs de Rottweil. Fallait-il faire le siége de cette place ou se contenter de ruiner le pays ? Ce fut le dé- but de contradictions et de conflits entre les chefs de l'armée. Le marquis de Montausier, le sieur de Roqueservières et le colonel Oheim n'étaient point pour le siége. Le maréchal de Guébriant et le comte de Rantzau prétendaient au contraire, et avec quelque semblant de raison, que l'on ne pouvait s'aventurer plus loin, à une pareille époque de l'année, sans s'être assuré d'une base d'opérations.

« On conclut donc qu'il fallait faire ce siége, poursuit « Montausier (3), et les ordres furent donnés en conséquence. « On forma quatre attaques dont Guébriant laissa le choix au « comte de Rantzau. Cet officier général en prit deux. L'une « était conduite par le marquis de Noirmoustier, l'autre par « le marquis de Maugiron. »

<hr>

(1) Dép. g., v. 77, p. 128. Les cinq cents de Colbert, Bibl. imp., mss., v. 103, fo 41.
(2) Dép. g., 10 novembre, v. 98, p. 49.
(3) De La Rozière, *Guerre de Trente ans*. Dép. g., mss.

Montausier, qui était chargé d'une des deux attaques du maréchal, poussa jusqu'à la contrescarpe et fit ensuite battre le mur d'enceinte.

Ce fut le 15 novembre que le siége commença ; le 16, on mettait les batteries en état d'ouvrir le feu ; le lendemain 17, le maréchal de Guébriant fut blessé. « ..... M. de Ro- « queservières, dit l'auteur anonyme et naïf de la dépêche « adressée à Le Tellier le 19 novembre (1) du camp de Rot- « tenmunster, étant dans les tranchées devant Rottweil, a « eu un coup de mousquet sur le dos, mais il n'en aura point « de mal. Le 16 de ce mois, Son Excellence avait fait para- « chever la batterie pour faire brèche ; le lendemain un coup « de fauconneau lui emporta le coude du bras droit, lors- « qu'elle y pensait le moins et qu'elle était derrière des ga- « bions. Il lui a fallu couper le bras, à cause que tous les os « en étaient cassés et que la moitié du bras ne tenait plus « qu'à de la chair épaisse de deux ou trois doigts... Il souffre « de grandes douleurs, mais il est fort content et résolu « d'endurer en patience tout ce que le bon Dieu lui enverra. « La garnison ennemie de Rottweil en est sortie ce matin « et M. le prince de Wurtemberg y est entré avec sa brigade. « M. le maréchal s'y fera conduire et attendra la fin que « Dieu donnera à son mal. »

Malheureusement l'événement devait tourner mal, car le 24 novembre Guébriant mourait des suites de sa blessure, et le lendemain Le Tellier, ignorant la catastrophe, lui écrivait (2) :

(1) Dép. g., v. 98, p. 50.
(2) Dép. g., v. 76, p. 279. Autographe de Le Tellier.

« Monsieur,

« Sitôt qu'on a eu de vos nouvelles, j'ai donné ordre de
« vous faire tenir 60 000 livres, pour aider aux officiers, qui
« étaient à remettre leurs compagnies en état de servir et
« être distribuées en la manière que vous estimerez la meil-
« leure et la plus avantageuse au service du roi. J'ai aussi
« fait le fonds pour la demi-montre.

« Quand on aura avis que vous avez pris les quartiers
« d'hiver et que vous y êtes bien établi, je vous enverrai la
« dépêche que la reine a commandé sur le sujet de votre
« dernier renfort. Cependant j'ai mis entre les mains de votre
« secrétaire le congé que vous avez désiré de la reine pour
« faire un tour à la cour, et duquel j'espère profiter pour
« avoir l'honneur, etc. »

Et le 2 décembre le ministre ajoutait, pour le féliciter
de la prise de Rottweil et lui exprimer ses regrets à propos
de sa blessure dont il ne soupçonnait pas la gravité (1) :

« J'ai fait entendre à la reine la bonne nouvelle que M. le
« baron d'Oysonville nous a donnée, par son secrétaire qu'il
« a dépêché exprès, de la prise que vous avez faite de la
« ville de Rottweil, comme un progrès très considérable et
« important, puisqu'il donne un pied assuré à l'armée dans
« l'Allemagne et le moyen d'y prendre des quartiers. Sa
« Majesté en a témoigné beaucoup de satisfaction.

« Apprenant ensuite le fâcheux accident qui vous est ar-
« rivé en une partie dont vous avez su vous servir si utile-

(1) Dép g., v. 76, p. 349. Autographe de Le Tellier.

« ment contre les ennemis, la reine a trouvé quelque con-
« solation dans l'espérance de voir une heureuse issue de
« votre mal... Pour moi, monsieur, je ne puis vous exprimer
« combien j'en ai été touché et ce que je voudrais faire pour
« vous procurer quelque soulagement. »

Ce ne fut que le 3 décembre au matin qu'un exprès apporta à la fois la nouvelle de la mort du maréchal et celle de la déroute de Tutlingen et de la perte de Rottweil. A vrai dire, ce n'était pas une déroute, c'était un désastre, car de cette armée d'Allemagne qu'on annonçait si puissante aux états généraux et à la diète, il ne restait plus rien que les quelques cavaliers du général-major Roze.

L'événement avait eu lieu le 25 novembre, le lendemain même de la mort de Guébriant. Dans la nécessité de trouver des vivres, les officiers généraux de l'armée française, n'ayant plus de chef à leur tête et ne croyant pas à la possibilité d'une attaque en plein mois de décembre, s'étaient laissés aller au plaisir d'élargir leurs lignes et d'éparpiller un peu partout leurs quartiers pour se procurer du bien-être. A la nouvelle de ce qui se passait, Merci avait immédiatement réuni une partie de ses troupes et le 25, à l'aube, était tombé à l'improviste sur les troupes françaises dispersées. Tout fut pris ou tué. Roze, qui se trouvait à quelque distance du point d'attaque, entendit la fusillade, fit monter ses hommes à cheval, mais voyant qu'il ne pouvait rétablir le combat, il se retira sur Brisach avec 2 000 cavaliers (1).

Le désastre avait été si complet, que Le Tellier n'en eut que

____

(1) Récit fait par le général-major Roze. Dép. g , v. 98, p. 537.

longtemps après tous les détails par un capitaine d'infanterie nommé Lacoste, que lui avait envoyé M. de Montausier
avec un passe-port des ennemis pour obtenir l'argent des ran-
çons. Voici le détail intéressant qu'en donne Le Tellier
dans une lettre autographe adressée le 25 décembre au duc
d'Orléans (1) :

« Tous les officiers prisonniers ont été partagés entre MM. le
« duc de Lorraine, d'Asfeld, Merci, Werth... MM. de Tauron et
« de Maugiron sont prisonniers de M. le duc de Lorraine.
« M. de La Coste croit que les officiers des gardes y sont
« aussi, que MM. de Montausier, de Cloucq sont entre les
« mains d'Asfeld; de Marmoutiers, le marquis de Vitry,
« Syrot et Simbecq demeurent au pouvoir de Merci, qui les
« menace de leur faire payer tout ce qu'il a dépensé. Les
« colonels et autres officiers ont été partagés entre les chefs
« de chaque troupe. »

Quelque peu nombreuse que fût en réalité l'armée d'Allemagne, le drame qui venait de se passer n'en avait pas
moins une importance énorme au point de vue politique. Du
coup, tous les avantages obtenus par le gain de la bataille de
Rocroy se trouvèrent compromis et les premiers efforts des
plénipotentiaires à Osnabrück totalement arrêtés. Mazarin le
comprit si bien, que le jour même où il apprit la fatale nouvelle il écrivait à l'ambassadeur de Suède, Salvius (2) :
« Vous ne doutez point que les ennemis n'élèvent de grands
« trophées là-dessus et n'aient l'art de faire valoir cet avan-
« tage au delà de la vérité de la chose... La reine s'est ré-

(1) Dép. g., v. 76, p. 501.
(2) Lettres de Mazarin, bibl. Mazarine, m. 1719, f⁰ 144.

« solue de n'épargner ni argent ni hommes pour soutenir les
« affaires d'Allemagne et de la cause confédérée. Pour cet
« effet, elle a fait le choix de M. le vicomte de Turenne, qui
« part tout présentement... » Le cardinal n'exagérait pas
cette fois ; Le Tellier se multipliait au secrétariat de la
guerre pour faire face aux difficultés qui surgissaient. Dès le
3 décembre, le secrétaire d'Etat prévenait M. de Tracy qu'il
envoyait M. du Plessis-Besançon, sergent de bataille, pour
s'informer de l'état exact des troupes (1). Le lendemain 4,
M. du Plessis-Besançon recevait ses instructions (2). Le
même jour, le vicomte de Turenne, revenu récemment
d'Italie, fort bien alors avec Le Tellier, acceptait la mission délicate d'aller servir en Allemagne et de prendre une
succession que tout le monde refusait avec ensemble (3).
Quatre jours après, 8 décembre 1643, il quittait définiti-
vement Paris pour rejoindre son nouveau poste et commencer cette série de campagnes qui ont fait de lui l'un des
plus merveilleux hommes de guerre des temps modernes.
Il partait, du reste, avec toute la liberté d'action qu'un chef
tel que lui pouvait désirer : « Au surplus, disait la dépê-
« che (4), comme il n'est pas possible de prévoir les choses
« de si loin, ne sachant pas l'état présent auquel est l'armée
« ni le détail de ce qui s'est passé depuis le décès dudit
« seigneur maréchal de Guébriant, bien qu'on ait eu avis qu'il
« n'y a point eu de combat ni d'autre perte que celle du

(1) Dép. g., v. 76, p. 257, 555.
(2) Dép. g., v. 89, p. 38.
(3) Dép. g., v. 76, p. 358, 393.
(4) Dép. g., v. 89, p. 45.

« quartier général, on ne saurait rien prescrire au maré-
« chal... Le sieur d'Oysonville avait proposé une entreprise
« sur Worms par intelligence, sur quoi ledit sieur maréchal
« se fera informer par ledit sieur d'Oysonville de l'état de
« la chose et des moyens d'exécution... »

De son côté, Le Tellier prévenait les officiers allemands au service de France de ces différentes mesures et les invitait à prendre courage. « C'est, ajoutait-il (1), dans ces occur-
« rences, qui dans la guerre arrivent souvent à l'un ou l'autre
« parti, qu'il ne faut pas se laisser abattre... »

Le 19, il adressait également de sa main à MM. de Tracy et de Roqueservières de minutieuses instructions (2) relatives à la réorganisation de l'armée d'Allemagne, à la distribution des fonds, etc. Le 26, il annonçait à Turenne (3) que le sieur de Schmittberg était autorisé à entrer au service de France, à lever un régiment d'infanterie allemande de 1 500 hommes, et à servir avec le grade de général-major de l'infanterie. Le sieur Millet gentilhomme du roi, avait ordre d'aller à Strasbourg pour s'entendre à ce sujet avec M. de Schmittberg, 29 décembre (4). Le même jour, Brachet partait pour l'Allemagne (5). Ce Brachet était chargé d'aller faire pour la partie administrative ce que du Plessis-Besançon avait dû exécuter pour l'organisation militaire. C'était un commissaire des guerres et, comme du Plessis, un homme de grande capacité, un agent fidèle et dévoué, que nous verrons

(1) Dép. g., 4 décembre 1643, v. 77, p. 150.
(2) Dép. g., 19 décembre, vol. 76, p. 436, 473. Autographe de Le Tellier.
(3) Dép. g , v. 77, p. 159.
(4) Fonds Colbert, mss., 29 décembre 1643, v. 103, f° 69.
(5) Dép. g , v. 76, p. 536.

à l'avenir envoyé par Le Tellier partout où il y aura quelque chose de grave à surveiller ou à exécuter.

Avec de pareils soins et de semblables agents, le désastre de Tutlingen ne devait pas avoir de conséquences trop considérables pour la France. Seule, la mort d'un homme tel que Guébriant eût pu être regrettable, si elle n'avait dû permettre à Turenne de faire surgir ses remarquables aptitudes militaires sur un terrain autrement grandiose que celui des mesquines campagnes d'Italie et de Catalogne. C'est ainsi qu'ici-bas tout, même les événements les plus pénibles, ont parfois leurs conséquences utiles.

IV

Quelques considérations financières et stratégiques à propos de la campagne du Rhin de 1643.

Il est assez curieux de voir ce que coûtait une pareille armée, dont le chiffre nominal de 10 000 hommes n'atteignit jamais celui de 6 000. Pendant l'hiver de 1642 à 1643, l'armée dite *du Rhin* fut payée à raison de deux montres et demie et de 742 000 livres par montre. Pour l'été, elle reçut trois montres et demie au même prix, c'est-à-dire un total de plus de 5 millions de livres, auxquelles il faut ajouter :

150 000 livres pour les nouvelles levées ;

100 000   —   pour le pain ;

150 000   —   pour les vivres ;

  10 000   —   pour un pont de bateaux ;

  20 000   —   pour 200 chevaux d'artillerie ;

  30 000   —   pour achat de munitions de guerre.

De leur côté, les garnisons d'Alsace furent soldées sur le pied de quatre quartiers, à raison, pour chacun d'eux, de 100 000 livres pour la haute Alsace et de 92 000 livres pour la basse Alsace (1).

En résumé, les dépenses formèrent un total de plus de 30 millions de notre monnaie pour moins de 8 000 hommes, c'est-à-dire plus de trois fois le prix de revient d'un corps de troupes modernes équivalent, autrement organisées, autrement solides qu'en 1643, et cependant nous ne faisons pas entrer en ligne de compte la subsistance, les étapes payées de droit par les villes, les pilleries de toute nature, les contributions ordinaires, particulières et continuelles que se permettaient alors les gens de guerre. Il y avait donc un désordre immense, désordre d'autant plus irréparable que l'exemple était donné par les chefs des armées. Dans une prochaine étude sur l'organisation de l'armée à cette époque, nous ferons ressortir d'une manière plus complète cette situation terrible, d'origine toute sociale, situation qui fut la cause unique de tous nos malheurs militaires jusqu'à la révolution de 1789, malheurs que l'énergique volonté et les changements apportés par Le Tellier et Louvois ne purent que momentanément atténuer.

Au point de vue stratégique, cette campagne ne donne pas une grande idée de la valeur des généraux. La base d'opérations est le Rhin ; l'objectif, le haut Danube. Les routes qui peuvent servir à atteindre ce but sont les vallées de la Kintzig et du Rhin, de Bâle à Schaffhouse. Le théâtre de la guerre

(1) Dép. g., v. 97 p. 6; v. 98, p. 6.

forme donc un triangle stratégique dont la base est représentée par le Rhin de Kehl à Bâle et dont le sommet se trouve à Rottweil, Tutlingen ou Sigmaringen. Entrer par un côté, sortir par l'autre, en s'évitant le plus possible, voilà pour les deux parties le résumé de la campagne.

Au point de vue tactique, le désastre de Tutlingen est un indice du temps et de l'inintelligence des subordonnés. Il semble que cette spécialité d'élargir ses lignes soit une sorte d'habitude pour l'armée d'Allemagne, car nous verrons la même faute se reproduire deux années plus tard avec Turenne. Seulement cette imprudence servira de leçon au jeune général et de leçon pour la vie : « J'ai été pris une fois, « écrira-t-il à sa sœur, c'est ma faute ; je ne le serai plus à « l'avenir. »

En résumé, l'idée constante du commandement central, c'est-à-dire du conseil de guerre qui siége à Paris, est de faire vivre les troupes sur le territoire allemand, de manière à permettre de combler le déficit des finances et de ne payer les troupes que le plus tard ou le moins possible.

La préoccupation des chefs de l'armée est la subsistance. Du moment qu'ils ont passé le Rhin et épuisé ce qu'ils avaient emporté, s'ils ne battent pas l'ennemi qui est devant eux, s'ils ne mettent pas à sac quelque bonne ville, ils sont obligés de revenir sur le Rhin crier famine. Les mercenaires se débandent et l'armée ne se trouve plus composée que de chefs arrogants et de valets qui réclament l'accomplissement des promesses qu'on leur a faites et des clauses de leurs capitulations.

Licence des troupes et des généraux, jalousie des chefs,

impossibilité presque absolue pour l'État d'envoyer des soldats d'origine française en Allemagne, répugnance des officiers à servir aussi loin, obligation pour la cour d'accepter les yeux fermés les capitulations des colonels allemands (chefs de bande) qui viennent mettre leur crédit et leur épée au service du plus fort enchérisseur, voilà les seules leçons qu'on puisse tirer de cette curieuse campagne si peu connue.

Mais de toutes ces fautes la plus grave à constater est encore la désobéissance du duc d'Enghien, car c'est à cette inexécution inexplicable des ordres donnés que se doit le désastre de Rottweil et de Tutlingen. C'est du 7 au 11 septembre que le jeune prince a mission de rejoindre le maréchal de Guébriant ; au lieu de partir, il revient tranquillement à la cour et ce n'est qu'après un mois de sollicitations qu'il se décide à retourner à son poste, quand d'Angoulême est malade, que les troupes se dispersent et que Guébriant est aux abois. Le duc, au contraire, eût-il accompli son devoir à l'époque fixée, le maréchal de Guébriant se jetait alors, comme il était convenu, sur Worms et Spire, donnait la main à l'armée de la Sarre, se fortifiait pendant les mois de septembre et d'octobre et ne se trouvait pas dans l'obligation de commencer une campagne en novembre, en plein pays de montagne, avec des troupes harassées et mécontentes. Mais, comme le disait M. de Gassion au duc d'Enghien la veille de la bataille de Rocroy : « Vous êtes de ceux « à qui, même battu, l'on ne peut faire de reproches. »

www.ingramcontent.com/pod-product-compliance
Lightning Source LLC
LaVergne TN
LVHW010437060726
842526LV00005B/1843